Parent's Introduction

We Both Read is the first series of books designed to invite parents and children to share the reading of a story by taking turns reading aloud. This "shared reading" innovation, which was developed with reading education specialists, invites parents to read the more complex text and storyline on the left-hand pages. Children are encouraged to read the right-hand pages, which feature less complex text and storyline, specifically written for the beginning reader.

Reading aloud is one of the most important activities parents can share with their child to assist in his or her reading development. However, *We Both Read* goes beyond reading *to* a child and allows parents to share the reading *with* a child. *We Both Read* is so powerful and effective because it combines two key elements in learning: "modeling" (the parent reads) and "doing" (the child reads). The result is not only faster reading development for the child, but a much more enjoyable and enriching experience for both!

You may find it helpful to read the entire book aloud yourself the first time, then invite your child to participate in the second reading. In some books, a few more difficult words will first be introduced in the parent's text, distinguished with **bold lettering**. Pointing out, and even discussing, these words will help familiarize your child with them and help to build your child's vocabulary. Also, note that a "talking parent" icon ☺ precedes the parent's text and a "talking child" icon ☺ precedes the child's text.

We encourage you to share and interact with your child as you read the book together. If your child is having difficulty, you might want to mention a few things to help him or her. "Sounding out" is good, but it will not work with all words. Children can pick up clues about the words they are reading from the story, the context of the sentence, or even the pictures. Some stories have rhyming patterns that might help. It might also help them to touch the words with their finger as they read, to better connect the voice sound and the printed word.

Sharing the *We Both Read* books together will engage you and your child in an interactive adventure in reading! It is a fun and easy way to encourage and help your child to read—and a wonderful way to start your child off on a lifetime of reading enjoyment!

We Both Read: About Dinosaurs
Acerca de los dinosaurios

With special thanks to dinosaur specialist and paleontologist Dr. Matthew Lamanna, for his review and advice on the writing of this book.
— D.P.

Un agradecimiento especial para el Dr. Matthew Lamanna, un especialista en dinosaurios y paleontólogo, por sus revisiones y consejos durante la redacción de este libro.
—D. P.

Text © 2004 by Sindy McKay
Illustrations © 2004 by Robert Walters
Translation services provided by Cambridge BrickHouse, Inc.
Spanish translation © 2010 by Treasure Bay, Inc.

We Both Read® is a registered trademark of Treasure Bay, Inc.

Published by Treasure Bay, Inc.
P.O. Box 119
Novato, CA 94948

PRINTED IN SINGAPORE

Library of Congress Catalog Card Number: 2010932684

ISBN: 978-1-60115-050-9

We Both Read® Books
Patent No. 5,957,693

Visit us online at:
www.TreasureBayBooks.com

PR 5-14

WE BOTH READ®

About Dinosaurs

Acerca de los dinosaurios

By Sindy McKay
Translated by Diego Mansilla
Illustrated by Robert Walters

TREASURE BAY

Millions of years ago, animals we call **dinosaurs** lived all over the world. These **dinosaurs** are now *extinct*, but you can still see them in movies, books, and even in museums.

In Greek, the word "**dinosaur**" means "terrible **lizard**." But in fact, **dinosaurs** were neither terrible nor **lizards**.

*Hace millones de años, unos animales llamados **dinosaurios** vivían por todo el mundo. Los **dinosaurios** están extintos, pero aún los puedes ver en películas, libros y hasta en museos.*

*En griego, la palabra "**dinosaurio**" quiere decir "**lagarto** terrible". Pero, en realidad, los **dinosaurios** no eran ni terribles ni **lagartos**.*

Gargoyleosaurus (gar-GOYL-e-o-SAWR-us)—a dinosaur
El gargoyleosaurio (gar-goi-leo-SAU-rio), un dinosaurio

Lizards stand with their legs to the side of their bodies. **Dinosaurs** stood with their legs under their bodies.

*Los **lagartos** se paran con sus patas al costado de su cuerpo. Los **dinosaurios** se paraban con sus patas debajo de su cuerpo.*

The scientists who study dinosaurs are called *paleontologists (PAY-lee-on-TOL-a-jists).*

By studying fossil bones, paleontologists have identified over 300 different kinds of dinosaurs. But most believe that there may be at least twice that many dinosaurs that have not yet been discovered.

Los científicos que estudian los dinosaurios se llaman paleontólogos *(pa-leon-TO-lo-gos).*

Por medio del estudio de huesos fosilizados, los paleontólogos han identificado más de 300 clases de dinosaurios. Pero muchos piensan que puede haber más del doble de esa cantidad de dinosaurios aún por descubrir.

Introducción a los padres

We Both Read es la primera serie de libros diseñada para invitar a padres e hijos a compartir la lectura de un cuento, por turnos y en voz alta. Esta "lectura compartida" —que se ha desarrollado en conjunto con especialistas en primeras lecturas— invita a los padres a leer los textos más complejos en la página de la izquierda. Luego, les toca a los niños leer las páginas de la derecha, que contienen textos más sencillos, escritos específicamente para primeros lectores.

Leer en voz alta es una de las actividades más importantes que los padres comparten con sus hijos para ayudarlos a desarrollar la lectura. Sin embargo, *We Both Read* no es solo leerle *a* un niño, sino que les permite a los padres leer *con* el niño. *We Both Read* es más poderoso y efectivo porque combina dos elementos claves del aprendizaje: "demostración" (el padre lee) y "aplicación" (el niño lee). El resultado no es solo que el niño aprende a leer más rápido, ¡sino que ambos disfrutan y se enriquecen con esta experiencia!

Sería más útil si usted lee el libro completo y en voz alta la primera vez, y luego invita a su niño a participar en una segunda lectura. En algunos libros, las palabras más difíciles se presentan por primera vez en **negritas** en el texto del padre. Señalar o conversar sobre estas palabras ayudará a su niño a familiarizarse con estas y a ampliar su vocabulario. También notará que el ícono "lee el padre" ☺ precede el texto del padre y el ícono de "lee el niño" ☺ precede el texto del niño.

Lo invitamos a compartir y a relacionarse con su niño mientras leen el libro juntos. Si su hijo tiene dificultad, usted puede mencionar algunas cosas que lo ayuden. "Decir cada sonido" es bueno, pero puede que esto no funcione con todas las palabras. Los niños pueden hallar pistas en las palabras del cuento, en el contexto de las oraciones e incluso de las imágenes. Algunos cuentos incluyen patrones y rimas que los ayudarán. También le podría ser útil a su niño tocar las palabras con su dedo mientras leen para conectar mejor el sonido de la voz con la palabra impresa.

¡Al compartir los libros de *We Both Read*, usted y su hijo vivirán juntos la fascinante aventura de la lectura! Es una manera divertida y fácil de animar y ayudar a su niño a leer —¡y una maravillosa manera de preparar a su niño para disfrutar de la lectura durante toda su vida!

Bones of this dinosaur were discovered just a few years ago. It lived 110 million years ago.

Hace apenas unos años se descubrieron huesos de este dinosaurio. Vivió hace 110 millones de años.

Paleontologists agree that dinosaurs were reptiles. They lived on land, breathed air, and did not fly. Like modern birds, dinosaurs hatched from eggs.

The largest dinosaur eggs that have been found are about the size of a football. That's a lot bigger than a chicken egg!

Los paleontólogos saben que los dinosaurios eran reptiles. Eran animales terrestres, respiraban aire y no volaban. Como los pájaros actuales, los dinosaurios nacían de huevos.

Los huevos de dinosaurio más grandes que se han encontrado son del tamaño de una pelota de fútbol americano. ¡Es mucho más grande que un huevo de gallina!

Some dinosaurs walked on two legs. Some walked on four legs. Some could do both.

Algunos dinosaurios caminaban en dos patas. Otros caminaban en cuatro patas. Y algunos podían hacer las dos cosas.

Carnivores: Tyrannosaurus rex (tie-RAN-oh-SORE-us rex) and Dromaeosaurus (DROH-may-oh-SORE-us) Herbivores: Styracosaurus (stie-rak-a-SORE-us) and Alamosaurus (al-a-mo-SORE-us)
Carnívoros: Tiranosaurio rex (ti-ra-no-SAU-rio reks) y Dromeosaurio (dro-meo-SAU-rio). Herbívoros: Styracosaurio (estai-ra-ko-SAU-rio) y Alamosaurio (a-la-mo-SAU-rio)

Dinosaurs like Tyrannosaurus rex (tie-RAN-oh-SORE-us rex) and Dromaeosaurus (DROH-may-oh-SORE-us) ate only meat. They were carnivores.

Most carnivores are **predators**. That means they hunt other animals, called prey. Some carnivores are *scavengers*. That means they eat meat that they did not kill themselves.

Algunos dinosaurios, como el Tiranosaurio rex (ti-ra-no-SAU-rio reks) y el Dromeosaurio (dro-meo-SAU-rio) solo comían carne. Eran carnívoros.

*La mayoría de los carnívoros son **depredadores**. Esto quiere decir que cazan a otros animales, llamados presas. Algunos carnívoros son* carroñeros. *Eso quiere decir que comen carne de animales que no han matado ellos mismos.*

Tarbosaurus (TAHR-bo-SORE-us) and Therizinosaurus (ther-i-Zin-oh-SORE-us)
Tarbosaurio (tar-bo-SAU-rio) y Tericinosaurio (te-ri-si-no-SAU-rio)

Being a **predator** was not easy. You often had to fight sharp horns and long claws. If you were hurt and could not hunt, you would die.

*No era fácil ser un **depredador**. Muchas veces tenían que luchar contra cuernos afilados y largas garras. Si resultaban heridos y no podían cazar, morían.*

Stegosaurus (steg-o-SORE-us) and Ceratosaurus (ser-a-to-SORE-us)
Estegosaurio (es-te-go-SAU-rio) y Ceratosaurio (se-ra-to-SAU-rio)

Stegosaurus (steg-o-SORE-us) was just one of the many dinosaurs that were *herbivores*. They ate only plants.

Some herbivores also swallowed rocks, called gastroliths (GAS-troe-liths), to help grind up the fibers of tough plants in their guts.

A few dinosaurs may have been **omnivores**.

El Estegosaurio (es-te-go-SAU-rio) era uno de los muchos dinosaurios herbívoros. *Solo comía plantas.*

Algunos herbívoros también tragaban piedras, llamadas gastrolitos (gas-tro-LI-tos), para moler las fibras de las plantas duras en su sistema digestivo.

*Unos pocos dinosaurios pueden haber sido **omnívoros**.*

Prenocephale (pren-oh-SEF-a-lee) dinosaurs butting heads
Dinosaurios prenocéfalode (pre-no-SE-fa-lo-de) dándose cabezazos

Being an **omnivore** means that you eat both meat and plants. This kind of dinosaur might have eaten bugs, small animals, eggs, seeds, and leaves.

*Ser un **omnívoro** significa que puede comer plantas y animales. Esta clase de dinosaurio podía comer insectos, animales pequeños, huevos, semillas y hojas.*

Some people think all dinosaurs were huge. And many of them WERE! Brachiosaurus (BRACK-ee-uh-SORE-us) was taller than a four-story building. The neck of a Sauroposeidon (SORE-oh-po-SIE-don) was longer than a school bus. But as huge as these animals were, none were as big as the blue whale that lives in our oceans today.

La gente piensa que todos los dinosaurios eran enormes. ¡Y muchos de ellos realmente lo ERAN! El Braquiosaurio (bra-kio-SAU-rio) era más alto que un edificio de cuatro pisos. El cuello de un Sauroposeidón (sau-ro-po-sei-DON) era más largo que un autobús escolar. Aunque estos animales eran enormes, ninguno era tan grande como la ballena azul que vive hoy en nuestros océanos.

Compsognathus (komp-soh-NAY-thus)   *Compsognathus (comp-so-NA-tus)*

This dinosaur was very small. It was about as big as a chicken. It could run very fast. It ate bugs and lizards.

Este dinosaurio era muy pequeño. Era del tamaño de un pollo. Podía correr muy rápido. Comía insectos y lagartos.

Camarasaurus (KAM-a-rah-SORE-us) dinosaurs (about 60 feet long) being pursued by Allosaurus (al-uh-SORE-us) dinosaurs
Camarasaurios (ka-ma-ra-SAU-rios) (de casi 60 pies de largo) perseguidos por Alosaurios (a-lo-SAU-rios)

Despite their ferocious reputation, most dinosaurs were herbivores that traveled in herds with their family. Tracks indicate that the youngest members traveled in the middle of the herd for the most protection from predators.

There may have been hundreds, even thousands of members in one herd.

A pesar de su reputación de ser feroces, la mayoría de los dinosaurios eran herbívoros que viajaban en manadas con su familia. Las huellas indican que los miembros más jóvenes viajaban en el medio de la manada para estar protegidos de los depredadores.
Podrían haber cientos o hasta miles de miembros en una manada.

This plant-eating dinosaur would nip off plants with its sharp beak. Then, it used its teeth to grind up the plants.

Este dinosaurio herbívoro cortaba las plantas con su pico afilado. Luego usaba sus dientes para moler las plantas.

Massospondylus (mas-o-SPON-di-lus) and pack of Megapnosaurus (meg-ap-no-SORE-us)
Massospondylus (ma-sos-PON-di-lus) con una manada de Megapnosaurios (me-gap-no-SAU-rios)

Herbivores were probably not the only dinosaurs that lived in groups. Some carnivores may have also gathered in packs. In this way, smaller predators could cooperate in hunting large prey, similar to modern-day **wolves**.

*Los herbívoros probablemente no eran los únicos dinosaurios que vivían en grupos. Puede que algunos carnívoros se reunieran en manadas también. De esta manera, los depredadores más pequeños podían trabajar juntos para cazar una presa grande, como lo hacen los **lobos** hoy en día.*

Daspletosaurus (das-PLEET-oh-SORE-us)   *Daspletosaurio (das-ple-to-SAU-rio)*

These two dinosaurs were much bigger than **wolves**. But some people think that they may have hunted in packs, too.

*Estos dos dinosaurios eran mucho más grandes que los **lobos**. Pero algunas personas creen que también pueden haber cazado en manadas.*

Tyrannosaurus rex (tie-RAN-oh-SORE-us rex) and Triceratops (tri-SER-a-tops)
Tiranosaurio rex (ti-ra-no-SAU-rio reks) y Triceratops (tri-se-RA-tops)

Many plant-eating dinosaurs had built-in weapons to protect them from meat-eating predators. Triceratops (tri-SER-a-tops) had three sharp horns and probably charged into its enemy the same way a modern rhinoceros does.

Muchos dinosaurios herbívoros tenían armas naturales para defenderse de los carnívoros depredadores. Los Triceratops (tri-se-RA-tops) tenían tres cuernos y probablemente atacaban a su enemigo como lo hacen los rinocerontes hoy día.

Ankylosaurus (an-KIE-loh-SORE-us)

Ankylosaurio (an-ki-lo-SAU-rio)

Some dinosaurs had bony plates on their bodies. Even big, sharp teeth may not have been able to bite through them.

Algunos dinosaurios tenían placas de hueso sobre sus cuerpos. Ni siquiera los grandes y afilados dientes podían atravesarlos.

Rebbachisaurus (re-BAK-i-SORE-us) and Giganotosaurus (jig-uh-NOT-uh-SORE-us)
Rebaquiosaurio (re-ba-kio-SAU-rio) y Giganotosaurio (ji-ga-no-to-SAU-rio)

 Huge dinosaurs like Rebbachisaurus (re-BAK-i-SORE-us), which could be up to 60 feet long, didn't worry too much about **predators**. But being big didn't always mean you were safe.

Los dinosaurios gigantescos como el Rebaquiosaurio (re-ba-kio-SAU-rio), que podía medir hasta 60 pies de largo, no se preocupaban mucho por los **depredadores**. *Pero ser grande no siempre implicaba estar seguro.*

Some **predators** did hunt the giant dinosaurs. A giant dinosaur was a lot to eat, even for a pack of hungry predators.

*Algunos **depredadores** cazaban dinosaurios gigantes. Un dinosaurio gigante era mucha comida, aun para una manada de depredadores hambrientos.*

No one knows for sure the color of any dinosaur. But by figuring out how a dinosaur lived, scientists can look at modern animals that live in a similar manner and make educated guesses. For example, unprotected herbivores may have had skin colors that helped to camouflage them.

Nadie sabe con certeza el color de los dinosaurios. Pero al saber cómo vivían los dinosaurios, los científicos pueden observar animales que viven en condiciones similares y hacer suposiciones certeras. Por ejemplo, los herbívoros sin protección pueden haber tenido colores que los ayudaran a camuflarse.

Some dinosaurs were covered in feathers. These feathers were not used for flying. They probably helped to keep the animal warm.

Algunos dinosaurios estaban cubiertos de plumas. Estas plumas no les servían para volar. Probablemente eran para mantener al animal caliente.

Mamenchisaurus (mah-MEN-chee-SORE-us) (neck length up to 33 feet)

Paleontologists can determine how fast or slow a dinosaur moved by examining the footprints some dinosaurs left behind.

It's not surprising to learn that the slowest dinosaurs were the huge herbivores like Mamenchisaurus (mah-MEN-chee-SORE-us).

Los paleontólogos pueden determinar si un dinosaurio se movía rápido o lentamente por medio de las huellas que dejaron.

No es sorprendente que los dinosaurios más lentos fueran los enormes herbívoros, como el Mamenchisaurio (ma-men-chi-SAU-rio).

Mamenchisaurio (ma-men-chi-SAU-rio) (largo del cuello hasta 33 pies)

These dinosaurs didn't need to be in a hurry. Besides having long necks and long tails, they had long lives. Some lived to be 80 years old!

Estos dinosaurios no necesitaban apurarse. Además de sus largos cuellos y colas, también su vida era larga. ¡Algunos vivían hasta 80 años!

The fastest dinosaurs were probably the small carnivores like this Ingenia (in-GAY-nee-a). These dinosaurs ran on two legs and used their tail to help with balance so they could change direction quickly as they ran.

Los dinosaurios más rápidos probablemente eran los carnívoros pequeños, como este Ingenia (in-JE-nia). Estos dinosaurios corrían en dos patas y su cola les permitía mantener el equilibrio para poder cambiar de dirección rápidamente mientras corrían.

Ornitholestes (OR-nith-oh-LES-teez) being chased by Allosaurus (al-oh-SORE-us)
Ornitolestes (or-ni-to-LES-tes) perseguido por un Alosaurio (a-lo-SAU-rio)

Running fast was important to small dinosaurs. It helped them to catch their prey. And it helped to keep them from BECOMING prey!

Para los dinosaurios pequeños era importante correr rápido. Esto los ayudaba a atrapar a su presa. ¡Y los ayudaba a no CONVERTIRSE en una presa!

Most of us know that humans were not around during the time of the dinosaurs. But sometimes movies and books put other mammals and **reptiles** with the dinosaurs that were not there either.

This mammoth, which is now **extinct**, lived about 60 million years after the dinosaurs.

*Casi todos sabemos que los seres humanos no existían en el tiempo de los dinosaurios. Pero a veces las películas y los libros ponen mamíferos y **reptiles** que tampoco existían en la época de los dinosaurios.*

*Este mamut, que ya está **extinto**, vivió 60 millones de años después de los dinosaurios.*

This large **reptile** may look like a dinosaur. But it became **extinct** about 40 million years BEFORE the first dinosaur was born!

*Este gran **reptil** pudiera parecerse a un dinosaurio. ¡Pero se **extinguió** aproximadamente 40 millones de años ANTES de que naciera el primer dinosaurio!*

Not all dinosaurs lived at the same time either. Different kinds of dinosaurs lived at different times.

The Centrosaurus (SEN-troh-SORE-us) on this page lived about 70 million years after the Torvosaurus (TORE-voe-SORE-us) on the next page.

Tampoco todos los dinosaurios vivieron en la misma época. Diferentes tipos de dinosaurios vivieron en diferentes épocas.

El Centrosaurio (sen-tro-SAU-rio) de esta página vivió 70 millones de años después que el Torvosaurio (tor-bo-SAU-rio) de la página siguiente.

Torvosaurus (TORE-voe-SORE-us)   *Torvosaurio (tor-bo-SAU-rio)*

Dinosaurs were on the Earth for a very long time. They lasted about 160 million years.

Los dinosaurios estuvieron sobre la Tierra por mucho tiempo. Existieron durante aproximadamente 160 millones de años.

So what happened to all these great dinosaurs? No one is absolutely sure, but most scientists believe there was a major change in the environment when an asteroid hit the Earth. The sun's light was blocked, causing plants to die and depleting the dinosaurs' source of food and water.

Entonces, ¿qué pasó con todos estos grandes dinosaurios? Nadie lo sabe a ciencia cierta, pero la mayoría de los científicos cree que hubo un cambio total en el medio ambiente cuando un asteroide cayó sobre la Tierra. La luz del sol se bloqueó, lo que provocó la muerte de las plantas y por lo tanto la fuente de comida y agua de los dinosaurios.

Protarchaeopteryx (pro-tar-kee-OP-ter-iks)   *Protarchaeopteryx (pro-tar-KEOP-te-riks)*

Many people think there aren't any dinosaurs left on Earth. But that may not be true.

Muchas personas piensan que no quedan dinosaurios en la Tierra. Pero puede que esto no sea cierto.

Scientists now believe that modern birds may be descendants of dinosaurs.

This Archaeopteryx (ar-kee-OP-ter-iks) is the creature that started it all. When its fossils were found, biologists noted the similarities between this ancient bird and meat-eating dinosaurs.

Los científicos creen que los pájaros actuales podrían descender de los dinosaurios.

Este Archaeopteryx (ar-KEOP-te-riks) es el que empezó todo. Cuando sus fósiles se encontraron, los biólogos notaron similitudes entre este antiguo pájaro y los dinosaurios carnívoros.

Whistling swan   *Cisne silbador*

Next time you see a bird in the sky, remember:
you may be looking at a modern dinosaur!

*La próxima vez que veas un pájaro en el cielo,
recuerda: ¡tal vez estés mirando un dinosaurio
moderno!*

Jawbone of dinosaur   *Mandíbula de un dinosaurio*

One way to learn about dinosaurs is by studying fossils. Fossils are remains of dead animals and plants preserved in rocks. The fossil of a bone isn't really a bone at all. It has the same shape as the bone, but it is really more like a rock.

Una forma de estudiar los dinosaurios es por medio de los fósiles. Los fósiles son restos de plantas y animales conservados en piedras. El fósil de un hueso no es un hueso. Tiene la forma del hueso, pero es más bien una piedra.

Protoceratops (proh-toe-SER-a-tops) and Velociraptor (vee-LOSS-i-RAP-tor)
Protoceratops (pro-to-se-RA-tops) y Velociraptor (ve-lo-si-RAP-tor)

Fossils of these two mighty dinosaurs were found buried together. They must have fought each other to the death.

Los fósiles de estos dos poderosos dinosaurios se encontraron juntos. Deben haber peleado entre sí hasta morir.

A full skeleton of Tarbosaurus (TAHR-bo-SORE-us) on display at a museum
Un esqueleto completo de Tarbosaurio (tar-bo-SAU-rio), en un museo

People have been finding dinosaur fossils for hundreds, maybe thousands of years. But no one knew what they were or what to call these animals until Sir Richard Owen coined the name "dinosaur" in 1842.

Many museums have dinosaur fossils on display. Visiting one of these museums is a great way to see dinosaurs up close.

Las personas han encontrado fósiles de dinosaurios desde hace cientos, tal vez miles de años. Pero nadie sabía qué eran ni cómo llamar a estos animales hasta que en 1842, Sir Richard Owen les dio el nombre de "dinosaurio".

Muchos museos tienen muestras de fósiles de dinosaurios. Visitar uno de esos museos es una buena manera de ver los dinosaurios de cerca.

 Clues about dinosaurs have been found all over the world. Who knows? Maybe someday you will discover a dinosaur right in your own backyard!

Se han encontrado rastros de dinosaurios en todo el mundo. ¿Quién sabe? ¡Quizás un día descubras un dinosaurio en tu propio patio!

OTHER WORDS TO KNOW
OTRAS PALABRAS

Extinct – no longer in existence
extinto – que ya no existe

Paleontologist – a scientist who studies dinosaurs
paleontólogo – un científico que estudia los dinosaurios

Carnivore – an animal that eats meat
carnívoro – un animal que come carne

Predator – an animal that hunts other animals for food
depredador – un animal que caza otros animales para comer

Herbivore – an animal that eats plants
herbívoro – un animal que come plantas

Omnivore – an animal that eats both meat and plants
omnívoro – un animal que come carne y plantas

Prey – an animal that is hunted for food
presa – un animal que sirve de comida a otro

Scavenger – an animal that eats meat that it does not kill itself
carroñero – un animal que come carne pero no mata animales

Fossil – remains or imprint of a living thing preserved in rocks
fósil – restos o huellas de un ser vivo preservadas en piedras

NAME ROOTS
What do the names mean?

Acro – high

Archaeo – ancient

Brachy - short

Carno – flesh

Centro – left

Cephalo – head

Cera – horn

Compso – elegant

Coryth – helmet

Dino – fearfully great or terrible

Dromeo – runner

Giga – savage giant

Hadro – large

Lestes – robber

Krito – chosen or separated

Mimus – mimic

Plateo – flat

Preno – sloping

Proto – first or earliest

Pteryx – wing or fin

Raptor – plunderer

Rhinus – nose or snout

Saurus – lizard

Stego – roof or cover

Suchus - crocodile

Tri – three

Tyranno – tyrant

Veloci – speedy

RAÍCES DE LOS NOMBRES
¿Qué significan los nombres?

acro – alto

arqueo – antiguo

braquio – corto

carni – carne

centro – izquierda

cefalo – cabeza

cera – cuerno

compso – elegante

coryth – casco

dino – que atemoriza, terrible

dromeo – corredor

estego – techo o cubierta

giga – gigante salvaje

hadro – grande

lestes – ladrón

krito – elegido o separado

mimo – mímica

plateo – plano

preno – inclinado

proto – primero

pteryx – ala o aleta

raptor – saqueador

rhinus – nariz u hocico

saurio – lagarto

suchus – cocodrilo

tri – tres

tirano – líder cruel

veloci – rápido

If you liked *About Dinosaurs* here is another We Both Read® book you are sure to enjoy!

*Si te gustó leer **Acerca de los dinosaurios**, ¡seguramente disfrutarás de leer este otro libro de la serie We Both Read®!*

Learn about planets, moons, stars, and the International Space Station, as well as how astronauts train and live in space.

Aprende sobre los planetas, las lunas, las estrellas, la Estación Espacial Internacional y cómo los astronautas se entrenan y viven en el espacio.

To see all the We Both Read® books that are available, just go online to **www.TreasureBayBooks.com**

*Para ver todos los libros disponibles de la serie We Both Read®, visita nuestra página web: **www.TreasureBayBooks.com***